Tomás de Kempis

Imitação de Cristo

textos escolhidos

5ª edição

Tradução e seleção
Emérico da Gama

QUADRANTE

São Paulo
2025

Título original
De imitatione Christi

Capa
Karine Santos

Dados Internacionais de Catalogação na Publicação (CIP)

Kempis, Tomás de, 1380-1471
 Imitação de Cristo: textos escolhidos / Tomás de Kempis; tradução e seleção de Emérico da Gama – 5ª ed. – São Paulo: Quadrante, 2025.

 Título original: *De imitatione Christi*
 ISBN: 978-85-7465-503-1

 1. Jesus Cristo - Ensinamentos 2. Jesus Cristo - Meditações 3. Jesus Cristo - Personalidade e missão 4. Vida cristã I. Título
CDD-248.482

Índice para catálogo sistemático:
1. Vida cristã: Prática religiosa: Catolicismo 248.482

Todos os direitos reservados a
QUADRANTE EDITORA
Rua Bernardo da Veiga, 47 - Tel.: 3873-2270
CEP 01252-020 - São Paulo - SP
www.quadrante.com.br / atendimento@quadrante.com.br

SUMÁRIO

NOTA EDITORIAL 5

IMITAÇÃO DE JESUS CRISTO................. 13

A RENÚNCIA A SI MESMO 17

O HOMEM INTERIOR 43

A NATUREZA E A GRAÇA 65

NOTAS DE REFERÊNCIA.......................... 77

NOTA EDITORIAL

A que atribuir o poder de sedução de um livro escrito há mais de cinco séculos, numa curva da história prenunciadora de revisionismos? De um livro que, além disso, não lisonjeia a altivez humana nem lhe afaga os sentidos? Quem foi o autor dessas máximas de suave violência, de categórica simplicidade, como quando diz: «Muitas vezes são más as nossas ações, e piores as nossas desculpas»?

Hoje, já ninguém discute que a *Imitação de Cristo* se deve à pena de Tomás de Kempis. Chegou-se a atribuir a autoria deste livro misterioso a Jean Gerson, famoso teólogo da Universidade de Paris, a Gorsen, um abade beneditino do Piemonte, e a outras figuras dos fins da Idade Média. A historiografia já demonstrou, porém, que não há motivo algum para pôr em dúvida o testemunho dos documentos. Com efeito, dos 76 manuscritos conhecidos dessa obra, em 60 aparece Tomás de Kempis como autor. Desses 60, sobressai em importância o códice bruxelense de 1441, que é autógrafo do autor. Este códice compreende treze livros, dos quais os primeiros quatro são os que compõem a *Imitação*.

Quem foi Tomás de Kempis? Sabemos que nasceu em 1380, numa localidade da Renânia chamada Kempis, perto de Colônia. Sabemos também que foi discípulo de Florêncio Radewijns, um monge que estruturou o movimento espiritual conhecido por *devotio moderna*, fundado por Gerard Groot. Aos vinte anos, ingressava no mosteiro de Agnetemberg, na Holanda, tomando o hábito dos cônegos regulares de Santo Agostinho. Excetuadas breves ausências, toda a sua vida decorreu nesse mosteiro, dedicada à direção de almas, à cópia de manuscritos e à redação de inúmeros pequenos tratados de espiritualidade cristã. Morreu aos 92 anos, deixando, além da *Imitação* e de outros escritos ascéticos, algumas biografias de personalidades religiosas.

No passado, alguns escritores aventaram a hipótese de que Kempis se teria limitado a organizar uma coletânea de máximas morais difundidas nos mosteiros da Idade Média. Não há dúvida, com efeito, de que a *Imitação* se insere na espiritualidade da *devotio moderna* a que nos referíamos, uma espiritualidade prática, afetiva, de grande realismo psicológico e senso da medida. Mas quem a lê percebe que não é um amontoado resultante de orientações diversas, antes procede de uma mesma pena, em unidade de estilo, mas sobretudo de concepção e de vivência: são considerações vazadas em linguagem despojada e lapidar, apoiadas em frequentes contraposições a definirem os valores divinos, em contrastes de sombras e luz com os interesses humanos.

Que teve em vista o autor nessas sentenças cortantes e imperativas, que não se importa de repetir com alguma frequência? Nada menos do que oferecer à consideração pessoal *a medida das ações humanas*; em outras palavras: a definição do homem. Quem sou eu? A que vim? Por que estes meus desejos, estas minhas insatisfações? Quem me dará, enfim, uma explicação de mim mesmo capaz de me apaziguar e me esclarecer?

A *Imitação de Cristo* está formada por quatro livros. O primeiro tem por título *A vida do espírito*, e estabelece os pressupostos da arrancada para a libertação do homem; o segundo descobre os caminhos do *Mundo interior*; o terceiro revela-nos *A fonte de todas as consolações*, as perspectivas do amor divino; e o quarto está consagrado ao *Sacramento do altar* e é uma exortação à plena união com Deus através da Eucaristia.

A tarefa de seleção dos pensamentos desses livros, para podermos ajustar-nos aos limites deste caderno, se por um lado apenava — pois não são mais densos os preceitos que se coligiram do que os que não se incluíram —, por outro, não foi árdua, pois seguiu, a traços largos, o roteiro original. Efetivamente, centrados nos três primeiros livros — já que o quarto trata de um tema à parte, que merece umas páginas exclusivas —, estes excertos permitem acompanhar nas suas linhas essenciais a arquitetura da obra e fixar-nos nos seus elementos-chave.

Não se deve pensar, pois, que se pretendeu neste trabalho uma antologia com base num critério de modernidade. Como já se escreveu, a *Imitação*, desde o seu aparecimento, tornou-se um livro contemporâneo de todos os séculos. Redigido no sereno recolhimento de um claustro medieval, ultrapassa as circunstâncias históricas e a condição das pessoas a quem se dirige — os monges —, para mergulhar nas profundezas da alma humana, com um senso das suas falências e aspirações que vence a ação do tempo e o fastio dos homens. Não admira, pois, que religiosos e leigos, do século XV aos nossos dias, o tenham por uma das obras mais fascinantes, que desperta ressonâncias indescritíveis, misteriosas e íntimas.

Na segunda Epístola aos Coríntios, São Paulo tem uma observação que nos dá o fio condutor das páginas da *Imitação*: *O homem animal não percebe as coisas que são do Espírito*. Enganar-nos-íamos se pensássemos que o Apóstolo tem em vista unicamente o homem abandonado à carne. Homem «animal» é o homem horizontal, o homem epidérmico que jamais se enfrenta para obter a definição do que é. Falta-lhe o ponto de partida, e daí que todas as suas obras sejam assinadas sobre água.

A *Imitação* vai à raiz dessa fatuidade. Impressiona o tom clamante com que se insurge contra a vaidade, contra a dependência das opiniões alheias e dos sinais externos de êxito. Põe em tela de juízo a concepção de vida, os sentimentos em torno do eu incensado; vai às causas da falta de paz, ao relacionamento incómodo com o próximo, à inveja que amarga, ao prazer que passa, aos muitos bens que fatigam. E com uma objetividade que não é frieza, mas tem a força crua da sensatez, chama-nos à razão em face do quadro da morte: «Quem se lembrará de ti depois da morte? E quem rezará por ti?»

Mas o panorama transmuda-se para o homem interior. Esse abre-se ao amor de Deus e à familiaridade com Cristo: entrega-se a Deus. E a partir daí iluminam-se e mudam de sinal as realidades que não aceitava: a cruz acolhida com fidelidade galharda, os contratempos encarados com a valentia da paciência, a perseverança que se apoia no Deus de Israel, defensor das almas leais.

As páginas finais, luminosamente contrastantes, sobre a natureza e a graça, traçam o perfil do homem que pode colocar com firmeza a primeira pedra, pois já sabe qual é a última. Cabe-lhe agora construir o homem interior, que se deixou a si mesmo e por isso pôde achar Jesus Cristo.

Esse homem interior não está hoje na moda. Não o estava nos tempos da *Imitação*, e é por isso que a *Imitação* é sempre atual. Hoje cultiva-se o homem que fez do fio do telefone um apêndice do seu corpo, o homem que resolve e não «ideologiza», que não pensa mas faz. Sejam, porém, quais forem as cores da época, o vazio interior é o mesmo, e o desencontro igualmente desabrido.

Esses ares parecem ter invadido os recintos cristãos: a espiritualidade, a oração, a ascese pessoal serão alienantes e inibidoras, um sedativo para as consciências indiferentes à redenção da sociedade. Esqueceu-se que o homem só se pode dar aos outros se não se perder a si mesmo e que a construção da interioridade é a garantia de que o homem não venha a destruir a sua própria obra, destruindo-se também a si mesmo.

«Não percas, meu irmão, a confiança de progredir nas coisas espirituais. Ainda tens tempo; aproveita-o», diz a *Imitação*. Desse espírito, de ressonâncias plenamente evangélicas, podemos encontrar a conclusão no brado de um autor dos nossos dias, igualmente vigoroso e direto: «Meu Deus, quando é que me vou converter?»[1].

---

(1) Josemaria Escrivá, *Forja*, 4ª ed., Quadrante, São Paulo, 2016, n. 112.

IMITAÇÃO DE JESUS CRISTO

1. *Quem me segue não anda em trevas* (Jo 8, 12). São palavras com que Jesus Cristo nos exorta à imitação da sua vida e costumes, se quisermos ser verdadeiramente esclarecidos e livres de toda a cegueira de coração.

O nosso maior empenho deve consistir, portanto, em meditar profundamente a vida de Jesus Cristo.

2. A doutrina de Cristo excede todas as doutrinas dos santos. Quem dela tiver o espírito, nela achará um maná escondido. Acontece, porém, que muitos ouvem frequentemente o Evangelho, mas poucos o desejam, pois não têm o espírito de Cristo. Quem, no entanto, quiser entender e saborear plenamente as

palavras de Cristo, procure moldar nEle toda a sua vida.

3. De que te serve debater altas coisas sobre a Trindade, se pela tua soberba desagradas a essa mesma Trindade? Não é o saber sublime que torna o homem santo e justo; é a vida pura que o faz agradável a Deus.

Antes quero sentir a compunção do que saber defini-la. Se soubesses de cor toda a Bíblia e as sentenças de todos os filósofos, de que te aproveitaria tudo isso sem o amor e a graça de Deus?

4. O Senhor — «Filho, quanto mais conseguires sair de ti, tanto mais poderás chegar a Mim.

Assim como nada desejar de fora produz a paz interior, assim deixar-se internamente a si une a alma a Deus.

Quero que aprendas a perfeita renúncia de ti na minha vontade, sem repugnância e sem queixa».

5. «*Segue-me* (Mt 9, 9); *Eu sou o caminho, a verdade e a vida* (Jo 14, 6). Sem caminho não

se anda; sem verdade não se conhece; sem vida não se vive.

Eu sou o caminho que deves trilhar, a verdade que deves crer, a vida que deves esperar.

Eu sou o caminho sem perigo, a verdade sem erro, a vida sem morte.

Eu sou o caminho direto, a verdade suprema, a vida verdadeira, a vida bem-aventurada, a vida incriada.

Se perseverares no meu caminho, *conhecerás a verdade e a verdade te libertará* (cf. Jo 8, 31) e alcançarás a vida eterna».

A RENÚNCIA A SI MESMO

Do humilde sentir de si mesmo

1. *Vaidade das vaidades, tudo é vaidade* (Ecle 1, 2), exceto amar a Deus e só a Ele servir.

Vaidade é buscar riquezas caducas e nelas pôr a esperança.

Vaidade é pretender honras e altas posições.

Vaidade é seguir os apetites da carne e desejar aquilo que mais tarde se deverá punir.

Vaidade é desejar vida longa e descuidar-se de que seja boa.

Vaidade é preocupar-se somente com a vida presente e não prever a futura.

Vaidade é amar o que passa tão velozmente e não apressar-se a buscar a alegria que sempre dura.

2. O camponês humilde que serve a Deus está, sem dúvida, acima do filósofo soberbo que, descuidando a sua alma, observa o curso dos astros. Quanto mais e melhor souberes, tanto mais severamente serás julgado, se não viveres santamente.

3. Somos todos fracos, mas a ninguém tenhas por mais fraco do que tu.

4. Se és rico, não te glories das tuas riquezas, nem dos amigos que possuis, por mais poderosos que sejam; alegra-te apenas em Deus, que tudo dá e, acima de tudo, deseja dar-se a Si mesmo.

5. Não te envaideças da robustez ou da formosura do teu corpo, que a menor doença corrompe e desfigura.

Não te orgulhes do teu engenho e habilidade, para não desagradares a Deus, a quem pertencem todos os teus dons naturais.

Não te consideres melhor do que os outros, para não seres considerado pior por Deus, que sabe o que há no homem.

Não te ensoberbeças com as tuas boas obras, pois os juízos dos homens são muito diferentes dos juízos de Deus, a quem não raro desagrada o que aos homens contenta.

6. Como é grande a fragilidade humana, sempre inclinada ao mal! Hoje confessas os teus pecados, e amanhã cometes outra vez os mesmos. Agora resolves acautelar-te, e daqui a uma hora procedes como se nada te tivesses proposto.

Com muita razão nos devemos humilhar e não nos termos em grande conta: somos tão fracos e inconstantes! Em pouco tempo podemos perder por negligência o que, com muito trabalho, adquirimos pela graça.

7. Nenhum mal te fará se te julgares inferior a todos; muito, porém, se a um só te preferires.

8. Não desejes nunca uma preferência singular na estima e no amor dos homens, porque isso pertence unicamente a Deus, que não tem igual.

9. Torna-se porventura melhor um homem quando outro homem o tem por maior?

Um homem que exalta outro homem é um mentiroso que engana outro mentiroso, um vaidoso que engana outro vaidoso, um cego que engana outro cego, um doente que engana outro doente. Assim, enquanto um lisonjeia o outro, nada mais faz do que enganá-lo e, louvando-o falsamente, na verdade o desonra. Por isso dizia o humilde São Francisco: «O homem vale, ó meu Deus, o que valer diante dos vossos olhos, e nada mais».

10. Nada do que fazes te pareça grande.

11. Inflama-te de zelo contra ti mesmo e não permitas que viva em ti o menor orgulho; faz-te tão pequeno e tão submisso que todos possam andar por cima de ti e pisar-te aos pés como *a lama das ruas* (Sl 17, 43).

12. De que te podes queixar, filho do nada?

13. Que é toda a carne na vossa presença, Senhor? Gloriar-se-á porventura o barro contra quem o plasmou?

14. No coração humilde, reina a paz; no soberbo, a inveja e a ira.

15. A graça é sempre concedida àquele que a recebe com a devida gratidão, e Deus costuma dar ao humilde o que tira ao soberbo.

16. Sê humilde e pacífico, e Jesus estará contigo.

Amor ao silêncio

1. Procura o tempo necessário para atenderes a ti mesmo e considera frequentemente os benefícios que recebes de Deus.

2. Deixa as curiosidades, e lê de preferência matérias que mais te levem à dor de tuas faltas.

3. Disse alguém: «Quantas vezes estive entre os homens, menos homem voltei» (Séneca, *Epist.*, 7). É o que experimentamos tantas vezes, quando falamos muito. Mais fácil é calar-se do que, falando, não se exceder.

4. Quem aspira às coisas interiores e espirituais deve retirar-se da multidão, como fez Jesus muitas vezes.

Ninguém aparece com segurança em público senão aquele que voluntariamente se esconde.

Ninguém fala com segurança senão aquele que voluntariamente se cala.

Ninguém preside com segurança senão aquele que voluntariamente se sujeita.

Ninguém manda com segurança senão aquele que aprendeu bem a obedecer.

5. Para que queres ver o que não te é lícito possuir? *Passa o mundo e a sua concupiscência* (Jo 2, 17).

6. Que podes ver em qualquer lugar, que permaneça muito tempo debaixo do sol?

Se visses diante de ti a totalidade das coisas, não seria isso mais do que uma vã miragem.

Levanta os teus olhos a Deus nas alturas e pede perdão dos teus pecados e negligências.

Deixa as vaidades para os vãos e aplica-te aos preceitos de Deus.

7. A inclinação sensual arrasta-nos às distrações; mas, passada aquela hora, que nos

resta senão o peso da consciência e a intranquilidade do coração?

8. Fecha-te em casa e chama a Jesus, a quem amas. Conversa com Ele no silêncio do teu quarto; não acharás maior paz.

Desprendimento

1. Miserável serás, onde quer que estejas e para onde quer que te voltes, se não te voltares para Deus.

2. Muitos imbecis e fracos dizem: «Que bela vida leva aquele homem, tão rico e grande, poderoso e importante!» Olha tu para os bens do céu, e verás que nada são os bens temporais, antes se apresentam tão incertos e fatigantes que ninguém os pode possuir sem inquietação e sem temores.

Não consiste a felicidade do homem na abundância dos bens terrenos; basta-lhe a mediania.

3. Cuidas em satisfazer os teus apetites? Pois não o conseguirás.

4. A saída alegre torna muitas vezes triste a volta, e a alegria da noite causa tristeza na manhã seguinte. Assim todo o gozo carnal entra com brandura, mas no fim atormenta e mata.

5. Ó insensatos e duros de coração, que tão profundamente jazem apegados à terra, que não gostam senão das coisas carnais. Infelizes! Virá o tempo em que verão, com dor, como era vil e nada tudo o que amavam.

6. O Senhor — «A maior parte dos homens prefere ouvir a voz do mundo à de Deus e segue mais facilmente os desejos e impulsos da carne que a vontade divina.

O mundo promete bens caducos e insignificantes, e é servido com empenho; Eu prometo bens soberanos e eternos, e o coração dos homens permanece insensível.

Envergonha-te, Sidon, diz o mar (Is 22, 4) e, se queres saber a causa, presta-me ouvidos».

7. «Por uma pequena prebenda, empreendem-se longas caminhadas; pela vida eterna, muitos mal levantam um pé da terra.

Procura-se o lucro mais vil; por uma moeda armam-se muitas vezes processos vergonhosos; por uma bagatela ou promessa mesquinha, sofrem-se, noite e dia, mil incômodos.

Mas, oh vergonha!, pelo bem imutável e pela recompensa sem preço, pela honra suprema e pela glória sem fim, furta-se o corpo ao menor trabalho.

Envergonha-te, pois, servo preguiçoso e murmurador, de ver outros mais prontos para se perderem do que tu para te salvares, mais alegres nas suas vaidades do que tu na Verdade».

8. A simplicidade e a pureza são as duas asas com que se eleva o homem acima da terra.

A simplicidade está na intenção, a pureza no afeto; a simplicidade procura a Deus, a pureza O encontra e frui.

Nenhuma ação boa te será difícil, se interiormente estiveres livre de toda a afeição desordenada.

9. Se souberes despojar-te inteiramente do apego às criaturas, Jesus terá prazer em habitar contigo.

10. A Alma — «Fortificai-me, Senhor, com a graça do Espírito Santo. Robustecei em mim o homem interior, libertai o meu coração dos vãos cuidados que o atormentam, não permitais que se deixe arrastar pelo desejo de coisa alguma, vil ou preciosa; fazei antes que as considere todas como passageiras e a mim como devendo passar com elas».

Obras da caridade e da mansidão

1. Muito faz quem muito ama.
Muito faz quem faz bem.
Bem faz quem serve antes o interesse comum do que a vontade própria.

2. Se não quiseres senão a vontade de Deus e a utilidade do próximo, gozarás de liberdade interior.
Se o teu coração for reto, toda a criatura te será espelho de vida e livro de santa doutrina.
Não há criatura, por pequena e vil, que não manifeste a bondade de Deus.

3. Aprende a sofrer com paciência os defeitos e fraquezas alheias, pois também tu tens muitas que aos outros fazem sofrer.

Se não te podes modificar do modo que quererias, como pretendes submeter os outros à medida dos teus desejos? Sempre queremos ver os outros perfeitos, e nem por isso emendamos as nossas próprias imperfeições.

4. Queremos que os outros sejam corrigidos com rigor, mas nós não queremos ser repreendidos.

Desagrada-nos a ampla liberdade dos outros, mas nós não queremos que se nos negue o que pedimos.

Queremos que os outros sejam apertados com estatutos, mas nós de maneira nenhuma sofremos que nos reprimam.

Por aqui se vê como é frequente usarmos de dois pesos e duas medidas, para nós e para os outros. Quão raramente tratamos o próximo como a nós mesmos!

5. Quem examinasse sinceramente as suas próprias ações não julgaria com severidade as alheias.

6. Se todos fossem perfeitos, que haveríamos de sofrer por Deus?

7. Ora, Deus assim o dispôs, para que aprendamos a *carregar uns o fardo dos outros* (Gal 6, 2), porque ninguém há sem defeito, ninguém é como nós gostaríamos que fosse, ninguém é suficientemente bom, ninguém suficientemente educado; mas convém que uns aos outros nos soframos e nos compreendamos; que uns aos outros nos ajudemos, nos instruamos e nos admoestemos.

8. Tu sabes muito bem desculpar e colorir as tuas faltas, mas não queres escutar as desculpas alheias. Mais justo seria que te acusasses a ti e desculpasses o teu irmão.

9. Se queres que te suportem, suporta os outros.

10. Conviver com os bons e mansos não é difícil, pois isso a todos naturalmente agrada; todos amamos a paz e gostamos mais daqueles que conosco concordam. Mas poder viver em paz com pessoas ásperas, de má índole e mal educadas, ou com aqueles que nos contrariam, é grande graça, ação varonil e digna de muito louvor.

11. O que muitas vezes parece caridade não passa de amor próprio, porque raras vezes querem retirar-se de nós a inclinação natural, a vontade própria, a esperança de recompensa e o amor às comodidades.

12. Sem caridade, as obras exteriores de nada valem. Mas tudo o que se faz com caridade, por pouco e desprezível que seja, é frutuoso, pois mais olha Deus para a intenção com que agimos do que para as obras que realizamos.

Do homem pacífico

1. Estabelece primeiro a paz em teu coração, e depois poderás pacificar os outros.

2. Por que te afliges quando as coisas não te correm como queres e desejas? Quem é que tem tudo à medida do seu gosto? Nem tu, nem eu, nem homem algum sobre a terra. Ninguém há no mundo sem alguma tribulação ou angústia, ainda que seja rei ou papa.

3. Mais útil é o homem pacífico do que o sábio.

4. O homem arrebatado converte o próprio bem em mal e facilmente acredita no mal. O homem bom e de paz tudo converte em bem.

5. Quem está em boa paz de ninguém suspeita. Mas quem vive descontente e inquieto, anda constantemente perturbado por desconfianças e por isso não sossega nem deixa os outros sossegarem. Diz muitas vezes o que não deveria dizer e deixa de fazer o que mais importa. Preocupa-se com as obrigações alheias e descuida as próprias.

Zela, pois, antes de tudo por ti, e depois poderás com justiça zelar pelo teu próximo.

6. A glória do homem de bem é o testemunho da sua boa consciência. Tem, pois, boa consciência, e estarás sempre alegre.

7. Quando o teu coração de nada te acusar, descansarás suavemente.

8. Não te alegres senão quando praticares o bem. Os maus nunca têm verdadeira alegria nem experimentam a paz interior, porque *para os ímpios não há paz*, diz o Senhor (Is 57, 21).

9. Breve é a glória que o homem dá e aquela que do homem recebe. A tristeza acompanha sempre a glória do mundo. A glória do homem está na sua consciência, não na boca dos homens.

10. Há alguns que têm paz consigo e com os outros.

Há também os que nem a têm nem a deixam ter aos outros; são pesados para os outros e muito mais para si próprios.

E há ainda os que não somente possuem a paz, mas se esforçam por dá-la aos que não a têm.

11. Toda a nossa paz nesta vida de misérias consiste mais em sofrer humildemente do que em não sentir contrariedades.

Quem, pois, melhor souber sofrer, maior paz terá. Esse é o vencedor de si mesmo, senhor do mundo, amigo de Cristo e herdeiro do céu.

12. Grande sossego e paz tem aquele que vê com os mesmos olhos tanto os louvores como os vitupérios.

13. Não és mais santo por te louvarem, nem mais vil por te censurarem.

És o que és. Nada do que puderem dizer de ti te fará maior do que és aos olhos de Deus.

14. O homem vê o rosto, Deus o coração. O homem considera as ações, Deus pesa as intenções.

15. O Senhor — «Filho, quero ensinar-te o caminho da paz e da verdadeira liberdade».

A Alma — «Eu vos rogo, Senhor, que me concedais essa graça».

O Senhor — «Filho, cuida de fazer antes a vontade alheia do que a tua.

Prefere sempre ter menos que mais.

Procura sempre o último lugar e submete-te a todos.

Deseja e pede sempre a Deus que se cumpra plenamente em ti a sua vontade.

Quem se conduzir segundo estes quatro pontos entrará, sem dúvida, na região da paz e do descanso».

16. «Filho, Eu disse aos meus discípulos: *Deixo-vos a paz, dou-vos a minha paz; não vo--la dou como a dá o mundo* (Jo 14, 27).

Todos desejam a paz, mas poucos cuidam de procurar a verdadeira.

A minha paz é para os humildes e mansos de coração. Acharás a paz na muita paciência.

Se me ouvires e seguires a minha voz, gozarás de uma paz profunda».

A Alma — «Que farei, pois, Senhor?»

O Senhor — «Considera atentamente o que fazes e o que dizes, e não tenhas outra intenção senão agradar-me, sem desejar ou procurar coisa alguma fora de Mim.

Não julgues temerariamente das palavras ou ações dos outros, não te intrometas em coisas que não te foram confiadas».

17. «Ter o espírito tranquilo, sem padecer dor alguma no corpo ou na alma, não é do estado presente, mas do futuro. Não penses, pois, ter alcançado a verdadeira paz quando não sentes coisa alguma que te aflija; nem te pareça que o maior bem consiste em não ter inimigos; nem julgues que a tua vida é perfeita porque tudo sucede conforme os teus desejos; nem presumas que és alguém ou que Deus te ama particularmente, quando sentes em ti ternura e fervor de devoção. Não é por

aí que se conhece a verdadeira virtude, nem nisso consiste a perfeição do homem».

18. A Alma — «Em que consiste, então, o sinal da virtude perfeita?»

O Senhor — «Em te sacrificares de todo o coração à minha vontade, não procurando o teu interesse em coisa alguma, pequena ou grande, temporal ou eterna; de sorte que acolhas com o mesmo semblante os bens e os males, e por uns e outros permaneças na mesma ação de graças, pesando tudo na mesma balança».

19. «Não durará muito a paz que procuras externamente, se não estiver verdadeiramente fundada no coração, isto é, se tu não estiveres bem firmado em Mim.

Sem esta disposição, bem podes mudar de lugar, mas não poderás mudar-te a ti mesmo e fazer-te melhor do que és, porque, chegada a ocasião, acharás não só as mesmas penas de que fugias, mas ainda outras maiores».

20. «Se fores tão forte e perseverante na esperança, de sorte que, privado de toda a

consolação interior, prepares o teu coração para sofrer ainda mais; se não te justificares na ideia de que não deves sofrer tanto, antes reconheceres a justiça das minhas disposições e me louvares, então andarás no verdadeiro caminho da paz e poderás alimentar a esperança inabalável de contemplar novamente a minha face na alegria.

E se chegares ao perfeito desprezo de ti mesmo, sabe que então gozarás da maior paz que é possível nesta vida».

A meditação da morte

1. Bem depressa chegará o teu fim; por isso, olha como vives. Hoje está vivo o homem, e amanhã já não existe. Perdido de vista, em breve estará perdido na lembrança dos que o conheceram.

2. Ó cegueira e dureza do coração humano, que cuida só das coisas presentes e não olha para as futuras! De tal modo deves haver-te em todas as tuas obras e pensamentos, como se tivesses de morrer hoje.

3. Se tivesses boa consciência, não temerias muito a morte. É, pois, melhor fugir do pecado do que fugir da morte.

4. Se hoje não estás pronto, como estarás amanhã? O dia de amanhã é incerto, e como sabes que te será concedido?

5. De que aproveita viver muito, quando tão pouco nos emendamos? A vida longa nem sempre emenda, antes muitas vezes aumenta a culpa.

Oxalá vivêssemos bem neste mundo, ao menos por um dia!

6. Pela manhã, pensa que não chegarás à noite; e à noite, não te prometas o dia seguinte.

7. Que feliz e que prudente é aquele que procura ser em vida como deseja que o ache a morte! Porque o fervoroso desejo de aproveitar nas virtudes, o amor à observância dos deveres, o rigor na penitência, a renúncia a si mesmo e a aceitação de qualquer adversidade por amor de Cristo lhe darão grande confiança de morrer feliz.

8. Muito é o bem que podes fazer enquanto estiveres de boa saúde; mas, doente, não sei o que poderás. Poucos melhoram com as doenças e poucos se santificam com as muitas peregrinações.

9. Tempo virá em que suspirarás por um dia, ou uma hora, para a tua emenda, e não sei se a alcançarás.

10. Quem se lembrará de ti depois da morte? E quem rezará por ti?

11. Grande e salutar purgatório tem já nesta vida o homem paciente que, injuriado, mais se dói da maldade alheia do que da ofensa própria; que de boa vontade reza pelos que o contrariaram; que, se a alguém magoou, não se demora a pedir-lhe perdão; que mais facilmente se compadece do que se irrita; que constantemente faz violência sobre si mesmo, esforçando-se por submeter a carne ao espírito.

12. Em tudo quanto fizeres, olha o fim e pensa de que sorte estarás diante daquele retíssimo Juiz para quem não há coisas

encobertas, que não se deixa abrandar com dádivas nem admite desculpas, mas julga com justiça.

13. Então se verá como foi sábio aquele que neste mundo se fez louco e desprezado por Cristo.

Então todas as tribulações sofridas serão recordadas com prazer *e a maldade não ousará abrir a boca* (Sl 106, 42).

Então exultará de alegria o homem piedoso e se entristecerá o ímpio.

Então se alegrará a carne que foi mortificada e chorará a que foi nutrida com delícias.

Então aproveitará mais a paciência que foi constante do que todo o poder do mundo.

Então será mais exaltada a obediência simples do que toda a sagacidade mundana.

14. Então causará mais alegria a consciência pura do que a douta filosofia.

Então se estimará mais o desprezo das riquezas do que todos os tesouros da terra.

Então te consolará mais teres orado com devoção do que teres comido com regalo.

Então terás mais alegria por teres guardado silêncio do que por teres falado muito.

Então terão mais valor as obras santas do que as palavras floridas.

Então agradarão mais a vida apertada e a penitência rigorosa do que todas as delícias da terra.

Na verdade, tu não podes reunir dois gostos: deliciares-te agora no mundo e depois reinares com Cristo.

Tempo de combater

1. Por que queres adiar, de dia para dia, o teu bom propósito? Levanta-te e começa logo, neste mesmo instante, e diz: «Agora chegou o tempo de agir, o tempo de combater, o tempo de emendar-me».

2. A ocasião não torna o homem fraco; apenas o revela tal qual é.

3. Combate varonilmente: um costume com outro se vence.

4. Que será de nós no fim, se já no princípio somos tão tíbios?

5. *Espera no Senhor e faz o bem* — diz o Profeta — *e habitarás a terra e serás apascentado com as suas riquezas* (Sl 36, 3).

Uma só coisa esfria em muitos o fervor do progresso e emenda: o horror às dificuldades ou ao esforço da luta.

6. Os que mais progridem na virtude são aqueles que com maior coragem se esforçam por vencer-se no que mais lhes custa e mais contraria as suas inclinações. Porque o homem tanto mais aproveita e maior graça merece quanto mais se vence a si mesmo e mais se mortifica interiormente.

7. Nem todos têm igual ânimo para se vencerem e mortificarem. Aquele que for diligente e perseverante, ainda que tenha muitas paixões, mais valoroso será nessa batalha do que outro de bom natural, mas menos ardoroso em adquirir virtudes.

8. Muitas vezes são más as nossas ações e piores as nossas desculpas.

9. Por que procuras descanso, tu que nasceste para o trabalho?

10. Aquele que, na paz, quer viver com demasiada segurança, será facilmente um medroso e um covarde no tempo da guerra.

11. Trata de evitar e vencer em ti aquilo que mais te desagrada nos outros.

12. Lembra-te sempre do fim e de que o tempo perdido não volta. Sem cuidado e diligência, nunca poderás alcançar a virtude.

13. Não percas, meu irmão, a confiança de progredir nas coisas espirituais. Ainda tens tempo; aproveita-o.

14. Mais trabalhoso é resistir aos vícios e paixões do que suar em serviços materiais.

15. Quem não evita as faltas pequenas, pouco a pouco cairá nas grandes.

16. Alegrar-te-ás à noite, se empregares com bom fruto o dia.

17. Vigia-te a ti mesmo. Exorta-te a ti mesmo. Aconteça o que acontecer aos outros, não descuides de ti mesmo.
Tanto mais aproveitarás quanto maior força fizeres sobre ti mesmo. Assim seja.

18. Se cada ano extirpássemos em nós um só defeito, em breve seríamos santos.

19. Lembra-te do propósito que fizeste e tem sempre diante dos olhos a imagem de Jesus Crucificado.

Bem te podes envergonhar vendo a vida de Jesus Cristo, pois até agora não procuraste conformar-te com ela, estando há tanto tempo no caminho de Deus.

Quem devota e cuidadosamente medita na santíssima vida e paixão do Senhor, nela encontrará, com abundância, tudo o que é útil e necessário para si, e não precisa buscar coisa melhor fora de Jesus Cristo.

Se Jesus Crucificado entrasse em nosso coração, quão depressa seríamos instruídos em tudo!

20. O Senhor — «Se chegares a vencer-te perfeitamente, tudo o mais vencerás com facilidade.

Perfeita vitória é triunfar de si.

Quem se domina de tal forma que os sentidos obedeçam à razão e a razão me obedeça a Mim em tudo, é verdadeiramente vencedor de si e senhor do mundo».

O HOMEM INTERIOR

Entregar-se a Deus

1. O Senhor — «Deixa-te a ti e achar-me-ás a Mim. Nada possuas, nem mesmo a tua vontade, e crescerás em virtude. Logo que te entregares inteiramente a Mim, derramarei sobre ti graças mais abundantes».

A Alma — «Senhor, em que devo eu renunciar-me e quantas vezes?»

O Senhor — «Filho, sempre e a toda a hora, e isso tanto no pouco como no muito. Nada excetuo, antes quero achar-te despido de tudo. Como podes ser meu, e Eu teu, se não te despojares da tua vontade, interior e exteriormente?»

2. «Alguns há que se entregam a Mim, mas sempre com alguma reserva; e porque não confiam inteiramente em Mim, ainda cuidam de si mesmos.

Outros há que a princípio me oferecem tudo, mas, achando-se depois combatidos pela tentação, retomam o que tinham dado, e por isso nada adiantam na virtude.

Uns e outros jamais chegarão a saborear a verdadeira liberdade do coração puro, nem a graça da minha suave amizade, se não se abrirem a um sacrifício contínuo de tudo o que são, sem o que ninguém pode unir-se perfeitamente a Mim e participar da graça do meu convívio».

3. «Muitas vezes te disse e agora torno a dizer-te: deixa-te, entrega-te a Mim, e gozarás de uma grande paz interior.

Dá tudo para ganhares tudo. Nada busques, nada reclames. Não procures mais achar-te, depois de te haveres perdido em Mim. Nada mais peças de ti, depois de te haveres dado a Mim.

Firma-te resolutamente em Mim, e ter-me-ás. Então conhecerás a liberdade do coração e já não andarás envolto em trevas.

Aspira a isto, reza por isto, deseja-o, para que possas despojar-te de tudo e caminhar nu para seguir Jesus nu sobre a Cruz. Que morras para ti para viveres para Mim eternamente.

Então te verás livre das imaginações vãs, das inquietações penosas e dos cuidados inúteis que agora te sobressaltam. Então te libertarás do temor excessivo e do amor próprio desordenado».

4. A Alma — «Vosso é tudo o que tenho e com que vos sirvo. E, no entanto, como se inverteram os papéis! Vós me servis mais a mim, Senhor, do que eu a Vós!

Aí estão o céu e a terra que criastes para uso do homem; obedecem ao vosso aceno e fazem todos os dias o que lhes determinastes.

E isto ainda é pouco; também os anjos pusestes a serviço do homem.

Mas o que excede tudo isto é que Vós mesmo vos dignais servir ao homem e prometestes ser a sua recompensa.

Que vos darei por estes benefícios sem conta?»

5. «Quem me dera, Senhor, poder servir-vos todos os dias da minha vida! Quem me dera, ao menos um dia, servir-vos dignamente!»

Os efeitos do amor divino

1. O amor nasceu de Deus e, elevando-se acima de todas as coisas criadas, só pode descansar em Deus.

2. Quem ama corre, voa, vive alegre, é livre e nada o embaraça.

Reparte tudo por todos e possui tudo em todos, porque acima de todas as coisas descansa naquele Bem único e soberano do qual procedem todos os bens.

Não atende a dádivas, atende só a Quem as dá.

O amor muitas vezes não sabe de medidas, pois no seu ardor vai além de todas as medidas.

Nada lhe pesa, nada lhe custa; quer empreender mais do que pode; não se desculpa com a impossibilidade, pois crê que tudo lhe é permitido e possível. Por isso, de tudo é capaz e leva a termo ações que esmorecem e prostram aquele que não ama.

3. O amor é vigilante e mesmo no sono não dorme. Fatigado, não se cansa; angustiado, não se oprime; rodeado de temores, não se

perturba. Qual chama viva e labareda ardente, sobe para o alto e passa adiante.

4. O amor é diligente, sincero, piedoso, alegre e afável, forte, sofredor, fiel, prudente, constante, varonil, e nunca se procura a si mesmo porque, quando alguém se procura a si mesmo, cessa logo de amar.

O amor é circunspecto, humilde e reto; não é mole nem leviano, não se aplica a coisas vãs.

É sóbrio, casto, perseverante, sereno e vigilante na guarda de todos os seus sentidos.

É submisso e sujeito aos superiores hierárquicos, e a si mesmo se tem em pouca conta.

É dedicado e agradecido para com Deus, em quem sempre confia e espera, mesmo no tempo do desconsolo, pois não se vive no amor sem dor.

5. O Senhor — «Filho, não é ainda bastante forte e esclarecido o teu amor».

A Alma — «Por que, Senhor?»

O Senhor — «Porque, à menor contrariedade, deixas a obra começada e buscas as consolações com demasiada avidez.

Quem é forte no amor permanece firme na tentação e não cede às sugestões astuciosas do inimigo. Na prosperidade, como na adversidade, seu coração está sempre comigo».

6. Se alguém ama, compreende o brado do amor. Clama bem alto aos ouvidos de Deus o afeto ardente da alma quando diz: «Vós sois o meu Deus e o meu amor; sois todo meu, e eu, todo vosso».

O diálogo interior com Deus

1. O Senhor — «Filho, Eu sou *o Senhor que conforta no dia da tribulação* (Na 1,7). Vem a Mim quando te achares aflito.
O que mais te impede de receber o consolo celeste é recorreres tarde à oração».

2. «Antes de orares de todo o coração, buscas primeiro alívios externos.
Daqui vem que de tudo tiras pouco proveito, até que reconheças, por experiência, que sou Eu que salvo os que em Mim esperam e que fora de Mim não há auxílio eficaz, nem conselho proveitoso, nem remédio durável.

Uma vez, porém, recuperado o bom espírito após a tormenta, reanima-te à luz das minhas misericórdias; porque Eu estou ao teu lado, diz o Senhor, não só para te restabelecer na primeira paz, mas para te cumular de novas forças».

3. Não julgues dos acontecimentos segundo as aparências, nem examines com olhos carnais o que vês ou o que, ouvindo, supões. Mas em qualquer ocorrência entra como Moisés no Tabernáculo para aí consultares o Senhor, e ouvirás muitas vezes a resposta divina e voltarás instruído sobre muitas coisas presentes e futuras.

4. Moisés sempre recorreu ao Tabernáculo para resolver as suas dúvidas e dificuldades; e, para livrar-se dos perigos e da malícia dos homens, valia-se da oração. Do mesmo modo deves tu recolher-te ao segredo do teu coração, para implorares instantemente o auxílio divino.

5. A Alma — «Os filhos de Israel diziam outrora a Moisés: *Fala-nos tu e ouviremos*; *não nos fale o Senhor*, para que não morramos (Ex 20, 19).

Não, Senhor, não é esta a minha oração. Com o mais humilde desejo, prefiro implorar com o profeta Samuel: *Falai, Senhor, que o vosso servo escuta* (1 Rs 3, 9-10).

Não me fale Moisés nem qualquer dos profetas. Falai Vós, Deus e Senhor, que inspirastes e iluminastes todos os profetas; Vós, sem eles, podeis ensinar-me tudo; eles, sem Vós, de nada me serviriam».

6. «Eles podem muito bem proferir palavras, mas não comunicam o espírito. Falam com eloquência, mas, se Vós calais, não inflamam o coração. Expõem a letra, mas Vós explicais o sentido. Propõem os mistérios, mas Vós abris a inteligência do que neles se esconde. Promulgam os Mandamentos, mas Vós ajudais a cumpri-los. Mostram o caminho, mas Vós dais forças para trilhá-lo. Atuam de fora, mas Vós iluminais e instruís os corações. Regam a superfície, mas Vós fazeis germinar a semente».

7. «Não me fale, pois, Moisés, mas Vós, meu Deus e Senhor, Verdade eterna, para que não suceda que morra e fique estéril, se for ensinado de fora e não abrasado por dentro;

para que não me sirva de condenação a vossa palavra ouvida e não praticada, conhecida e não amada, crida e não observada.

Falai, pois, Senhor, que o vosso servo escuta. *Vós tendes palavras de vida eterna* (Jo 6, 68)».

8. A ALMA — «Quanto não padeço quando, meditando as coisas do céu, me vejo assaltado na oração por um tropel de pensamentos terrenos!

Meu Deus, não vos afasteis de mim, na vossa ira não abandoneis o vosso servo. Lançai um raio da vossa luz e dissipai estas sombras. Recolhei em Vós todos os meus sentidos; fazei que eu esqueça tudo o que é do mundo; que rejeite e despreze as imagens do pecado impressas em meu espírito».

9. «Socorrei-me, Verdade eterna, para que eu não seja seduzido pelos movimentos da vaidade. Descei ao meu coração, para que dele fuja toda a impureza»

10. «Perdoai-me, Senhor, e tratai-me segundo a vossa misericórdia, sempre que na oração me ocupar de outra coisa que não

Vós. Confesso que frequentemente estou distraído enquanto oro; o espírito afasta-se do corpo, mas é levado pelos pensamentos. Na verdade, estou onde está o meu pensamento, mas ele corre para o que me atrai, e o que mais facilmente me atrai é o que naturalmente me deleita ou o que o costume torna mais agradável».

11. «Feliz o homem, ó meu Deus, que por amor de Vós desterra da lembrança todas as criaturas, que faz violência à natureza; que crucifica os ímpetos da carne pelo fervor do espírito, para oferecer-vos uma oração pura que se eleve de uma consciência pacificada e, desembaraçando-se de tudo o que é terreno, se torne digna de unir-se ao coro dos anjos».

12. Quem sabe andar recolhido dentro de si e pouco se inquieta com as coisas exteriores, não precisa escolher lugares nem esperar por determinada hora para se entregar a exercícios de piedade.

O homem interior depressa se recolhe, porque nunca se dissipa de todo nas coisas externas. Não o estorvam o trabalho nem as ocupações; acomoda-se às circunstâncias, à medida que acontecem.

13. O homem não se deixa enredar e distrair pelas coisas senão na medida em que a elas se apega.

14. *O reino de Deus est*á dentro de vós, diz o Senhor (Lc 27, 21).

Volta-te para Deus de todo o teu coração, deixa este mundo miserável, e a tua alma encontrará repouso.

Aprende a não apegar-te às coisas exteriores, entrega-te às interiores, e verás como vem a ti o reino de Deus. Porque o reino de Deus é *paz e alegria no Espírito Santo* (Rom 14, 17), o que não é dado aos ímpios.

Se Lhe preparares no teu interior morada digna, Cristo virá a ti e te manifestará a sua consolação. Para Ele, *toda a glória e beleza vêm de dentro* (Sl 44, 14), e é aí que Ele se compraz. Ele visita o homem interior com frequência, entretém-se com ele em doce colóquio, serve-lhe de agradável alívio em suas penas, enche-o da sua paz e a ele se une em inefável familiaridade.

*Da amizade familiar
com Cristo*

1. Feliz aquele que entende o que é amar a Jesus e desprezar-se por amor de Jesus.

É necessário preferir este amor a qualquer outro, porque Jesus quer ser amado sobre todas as coisas.

2. O amor das criaturas é enganoso e instável; o de Jesus é fiel e constante. Quem busca amparo na criatura cairá com ela; quem se abraça a Jesus encontrará firmeza para sempre.

3. Agarra-te a Jesus na vida e na morte, e entrega-te à sua fidelidade, pois só Ele poderá valer-te quando todos te faltarem.

4. O teu Amado é de tal natureza que não admite rival; Ele sozinho quer possuir o teu coração e nele reinar como soberano no seu trono.

5. A experiência te mostrará que tudo o que dedicaste aos homens, fora de Jesus, foi quase inteiramente perdido.

6. Se em todas as coisas procurares a Jesus, Jesus acharás. Se te procurares a ti mesmo, também te acharás, mas para tua ruína.

O homem que não busca a Jesus é mais nocivo a si mesmo do que todo o mundo e todos os seus inimigos.

7. Quando Jesus está presente, tudo é suave e nada parece difícil; mas quando Ele está ausente, tudo se torna doloroso.

Quando Jesus não fala dentro da alma, toda a consolação é vã; mas se Ele nos diz uma só palavra, experimentamos grande alívio. Não vês como Maria Madalena se levantou logo do lugar onde se encontrava quando Marta lhe disse: *O Mestre está aqui e chama-te* (Jo 11, 28)? Feliz a hora em que Jesus chama das lágrimas à alegria do espírito!

8. Que seco e duro és, sem Jesus! Que néscio e leviano, se desejas alguma coisa mais que Jesus! Não é essa maior desgraça do que se perdesses o mundo inteiro?

9. Que te pode dar o mundo sem Jesus?

Estar sem Jesus é terrível inferno; estar com Ele é doce paraíso.

Se Jesus estiver contigo, nenhum inimigo poderá magoar-te.

Quem perde Jesus perde muito mais do que se perdesse todo o mundo.

10. É grande arte saber conversar com Jesus, e grande prudência saber retê-lO consigo.

11. Bem depressa podes afugentar Jesus e perder a sua graça, se te derramares nas coisas exteriores. Mas se desterras Jesus de ti, aonde irás e quem buscarás por amigo?

Sem amigo não podes viver, e, se Jesus não for esse amigo, o maior de todos, estarás triste e desamparado. Serás, pois, insensato, se quiseres pôr em outro a tua confiança e a tua alegria. Seja Ele, pois, singularissimamente amado, acima de todos os outros amigos.

12. Entre todos os teus amigos, ama a Jesus como o maior que poderias encontrar. Ama a todos por amor de Jesus, mas ama a Jesus por ser Jesus.

13. Quanto pode o amor a Jesus, quando é puro e sem mistura de interesse ou de amor próprio!

Porventura não merecem o nome de mercenários os que sempre procuram benefícios?

Onde se achará um homem que queira servir a Deus de graça?

A estrada real da santa Cruz

1. Tem Jesus muitos que amam o seu reino celeste, mas poucos que queiram levar a sua Cruz.

Tem muitos que desejam consolação, poucos que queiram participar das suas penas.

Tem muitos que o acompanham à sua mesa, poucos que o sigam na sua abstinência.

Todos desejam alegrar-se com Ele, poucos querem sofrer por Ele alguma coisa.

Muitos O seguem até o partir do pão, poucos até o cálice da amargura.

Muitos se maravilham com os seus milagres, poucos abraçam a ignomínia da Cruz.

Muitos O amam enquanto não lhes bate à porta a adversidade, louvam-nO e bendizem-nO enquanto dEle recebem benefícios. Se Jesus, porém, se esconde e os deixa por algum tempo, logo se queixam e se entregam ao desânimo.

2. Por que temes a Cruz, pela qual se caminha para o reino de Deus?

Na Cruz está a salvação, na Cruz a vida, na Cruz o refúgio contra os inimigos; na Cruz a fonte da doçura da graça, a força da alma, a alegria do espírito, a perfeição das virtudes, a consumação da santidade.

Toma, pois, a tua cruz, segue Jesus e chegarás à vida eterna. Ele te precedeu, carregando às costas a sua Cruz. Nela morreu por amor de ti, para que tu também carregasses a tua e nela desejasses morrer.

E se fores seu companheiro na pena, também o serás na glória.

Se com Ele morreres, também com Ele viverás.

3. Vai aonde quiseres, indaga quanto quiseres, não acharás acima caminho mais excelso, nem abaixo caminho mais seguro que o caminho da santa Cruz.

4. A Cruz está sempre preparada e em todo o lugar te espera. Para qualquer parte que vás, não lhe poderás fugir, porque, para onde quer que vás, sempre te levarás contigo e sempre te acharás a ti mesmo.

5. Se de boa vontade levares a Cruz, ela te levará a ti e te conduzirá ao fim que desejas, onde o sofrimento terá fim, ao passo que aqui não o tem.

Se a levares de má vontade, aumentas-lhe o peso, agravas a tua carga e, ainda assim, será forçoso que a carregues.

Se rejeitares uma cruz, encontrarás outra, talvez mais pesada.

6. Quem é que vive mais feliz? Aquele, certamente, que sabe sofrer alguma coisa por Deus.

7. Para aquele que se sujeita à Cruz de bom grado, todo o peso da tribulação se converte em confiança em Deus, que o consola. Quanto mais sente abater-se o seu corpo pela aflição, tanto mais vê fortalecer-se a sua alma pela graça.

Muitas vezes é tão grande o seu amor aos sofrimentos e tanto o desejo de conformar-se com Jesus crucificado, que não quer estar um só momento sem dores e sem penas, pois se acha tanto mais agradável a Deus quanto mais tiver sofrido por seu amor.

Não é isto virtude humana, mas graça de Jesus Cristo, que tanto pode e realiza na carne frágil, fazendo-a amar e abraçar com afeto aqueles males a que naturalmente tem horror e aversão.

8. Gloriar-se nas tribulações não é difícil para quem ama. Gloriar-se assim é gloriar-se na Cruz do Senhor.

9. Se houvesse um meio mais favorável para a salvação do homem do que a Cruz, Jesus Cristo no-lo teria mostrado pela sua palavra e pelo seu exemplo. Ora, aos discípulos que O acompanhavam e a quantos O querem imitar, Ele exorta claramente: *Se alguém quiser vir após mim, renuncie a si mesmo, tome a sua cruz e siga-me* (Mt 26, 24).

Assim, pois, lidas e bem pesadas todas as coisas, seja esta a última conclusão: *É por muitas tribulações que devemos entrar no reino dos céus* (At 14, 21).

10. Quando chegares àquele estado em que a tribulação se torna suave por amor de Cristo, saberás que ela te foi útil e que encontraste o paraíso na terra.

Abandono em Deus e paciência

1. O Senhor — «Filho, deixa-me fazer de ti o que me aprouver. Eu sei o que te convém.

Tu pensas como homem e julgas de muitas coisas consoante te persuade o afeto humano».

A Alma — «Senhor, é verdade o que dizeis; maior é a vossa solicitude por mim do que o cuidado que eu possa ter comigo. Fazei de mim, Senhor, o que for do vosso agrado, contanto que a minha vontade permaneça em Vós. É impossível que não seja bom tudo o que fizerdes de mim.

Se quiserdes que eu viva em trevas, bendito sejais; e se me quiserdes na luz, sede também bendito».

2. O Senhor — «Filho, que dizes? Deixa de queixar-te e considera a minha paixão e o sofrimento dos santos. Ainda não resististe até o sangue.

Bem pouco é o que sofres, em comparação com tantas e tão diversas tribulações em que se exercitou a paciência dos meus servos. É bom que te lembres delas, muito mais pesadas, para que mais docemente suportes as tuas, bem menores. E se elas não te parecem pequenas, vê se não é por causa da tua impaciência. Seja pouco ou muito o que sofres, sofre-o com paciência».

3. «Não digas: "Não posso tolerar que esse homem me trate assim; são ofensas insuportáveis. Fez-me um grande mal, acusando-me de coisas que nem me passaram pela cabeça. Eu sofreria de bom grado outras pessoas e outros agravos". Semelhante pensamento é insensato; em vez de considerar a virtude da paciência e Quem a há de coroar, põe-se a pesar as pessoas que ofendem e as ofensas recebidas».

4. «Não é verdadeiro sofredor quem não quer sofrer senão o que lhe parece e de quem lhe parece. Quem possui a verdadeira virtude da paciência não olha para quem o maltrata, se é seu superior, igual ou inferior, se é homem bom e santo ou mau e indigno».

5. «Aparelha-te, pois, para combater, se queres sair vitorioso. Sem combate, não se alcança a coroa da paciência. Se recusas o combate, recusas a coroa. Mas se desejas ser

coroado, combate varonilmente e sofre com paciência. Sem trabalho, não se consegue o descanso; sem luta, não se chega à vitória».

A ALMA — «Senhor, torne-me possível a vossa graça aquilo que naturalmente me parece impossível. Bem sabeis que pouca força tenho para sofrer, pois qualquer pequena contrariedade me derruba».

6. O SENHOR — «Filho, eu quero que em tudo me fales assim: "Senhor, se vos agrada o que vos proponho, faça-se. Se a vossa honra tem interesse nisto, em vosso nome faça-se. Senhor, se o que vos peço vos convém, concedei-o. Se entendeis que é nocivo à minha salvação, tirai-me semelhante desejo". Porque nem todo o desejo é inspirado pelo Espírito Santo, ainda que ao homem pareça bom e útil.

Deves sempre oferecer-me os teus pedidos e os teus desejos com temor e humildade, e principalmente deixar tudo em minhas mãos, com perfeito acatamento, dizendo: "Senhor, Vós sabeis o que é melhor. Fazei tudo como melhor vos agradar. Dai-me o que quiserdes, na medida em que o quiserdes e quando quiserdes"».

A ALMA — «Concedei-me, benigno Jesus, a vossa graça, para que *esteja comigo*, *comigo trabalhe* (Sab 9, 10) e eu persevere até o fim. A vossa vontade seja a minha, e a minha em tudo conforme à vossa. Não tenha eu senão um querer e não querer, e um e outro sejam vossos, de sorte que não possa eu querer senão o que Vós quereis, e não querer senão o que Vós não quereis».

A NATUREZA
E A GRAÇA

A eficácia da graça divina

1. O Senhor — «Filho, observa atentamente os movimentos da natureza e da graça, pois são extremamente opostos uns aos outros, mas tão sutis que apenas um homem espiritual e esclarecido os pode distinguir».

2. «A natureza é astuta, arrasta e seduz a maior parte dos homens. Tem sempre por fim a sua própria satisfação.

Ao contrário, a graça caminha na simplicidade, evita as ilusões das aparências, não usa de enganos e tudo faz puramente por Deus, no qual descansa como seu último fim».

3. «A natureza tem horror à mortificação, não quer ser oprimida nem domada; não

obedece de boa vontade nem pode sofrer que a subjuguem.

A graça, pelo contrário, inclina a alma a mortificar-se, a resistir à sensualidade, a desejar viver submissa à disciplina, e não aspira a dominar ninguém; quer sempre estar, viver e conservar-se sob a mão de Deus, e *por amor de Deus está pronta a curvar-se* humildemente *diante de toda a criatura humana* (1 Pe 2, 13)».

4. «A natureza teme a humilhação e o desprezo. A graça alegra-se em *padecer injúrias pelo nome de Jesus* (At 5, 41)».

5. «A natureza ama a ociosidade e o bem-estar do corpo.

A graça não pode estar ociosa e aplica-se diligentemente ao trabalho».

6. «A natureza olha para os bens temporais; regozija-se quando lucra, aflige-se quando perde, irrita-se com a menor palavra injuriosa.

A graça não considera senão o que é eterno; não se perturba com nenhuma perda; não se ofende com as palavras ásperas, porque colocou o seu tesouro e a sua alegria no céu, onde nada perece».

7. «A natureza é avarenta, folga mais em receber do que em dar; gosta de ter bens próprios e particulares.

A graça é generosa, ama o bem comum, contenta-se com pouco e considera *maior felicidade dar do que receber* (At 20, 35)».

8. «A natureza inclina-se para as criaturas, para a própria carne, para as vaidades e passatempos.

A graça orienta-se para Deus e para as virtudes; renuncia às criaturas, foge do que é mundano, aborrece os desejos da carne, é sóbria no lazer e constrange-se sempre que lhe é necessário aparecer em público».

9. «A natureza folga em ter alguma consolação exterior que afague os sentidos.

A graça procura em Deus o seu consolo e delicia-se no sumo Bem, mais do que em todas as coisas visíveis».

10. «A natureza tudo faz no seu próprio interesse e proveito; nada sabe fazer de graça e,

pelos benefícios que espalha, espera obter outros iguais ou maiores ou, pelo menos, aplausos ou fervores; deseja que se faça muito caso das suas benemerências.

A graça, porém, não busca recompensas temporais; não pede outro prêmio que não somente Deus; dos bens do mundo, não deseja senão os que lhe sejam úteis para adquirir os eternos».

11. «A natureza orgulha-se de ter muitos admiradores e amigos, ufana-se da sua posição elevada e ilustre linhagem, procura agradar aos poderosos, lisonjeia os ricos e aplaude os que, nestas coisas, lhe são iguais.

A graça ama os próprios inimigos, não se gaba do grande número de amigos, não faz caso da sua posição e nobreza, se não lhes vê unida maior virtude. Favorece mais o pobre do que o rico, compadece-se mais do inocente que do poderoso; ama as almas simples e sinceras e não as artificiosas; exorta sempre os bons a serem melhores e a assemelharem-se pelas virtudes ao Filho de Deus».

12. «A natureza queixa-se facilmente do que lhe falta ou lhe é penoso.

A graça, com perseverança, sofre a pobreza».

13. «Esta graça é uma luz sobrenatural e especial dom de Deus, o selo dos eleitos, o penhor da salvação, pois eleva o homem das coisas terrenas ao amor das celestiais e, de carnal que era, o torna espiritual.

Quanto mais dominada estiver a natureza, tanto maior graça se comunica ao homem, de sorte que ele se reforma dia a dia, por novas comunicações, segundo a imagem de Deus».

14. A Alma — «Meu Deus e meu Senhor, que me criastes à vossa imagem e semelhança, dai-me essa graça, que me mostrastes ser tão poderosa e necessária para a salvação, a fim de que eu vença a minha natureza corrompida, que me arrasta para o pecado e para a perdição».

15. «Ó graça verdadeiramente celestial, sem ti não há merecimento, e nem os próprios dons da natureza são dignos de consideração. As artes, a riqueza, a formosura, o valor, o espírito e a eloquência nada são diante de Vós, ó meu Deus, sem a vossa graça.

Os dotes da natureza são comuns aos bons e aos maus; porém, a graça ou caridade é dom próprio dos eleitos que, adornados com ela, são dignos da vida eterna».

16. «Que sou eu sem ela, senão lenho seco, tronco inútil que se lança ao fogo? Previna-me, pois, Senhor, e acompanhe-me sempre a vossa graça, e me conserve continuamente na prática das boas obras, por vosso Filho, Jesus Cristo».

O Deus forte

1. A Alma — «*Contra mim confessarei a minha iniquidade* (Sl 31, 5). Senhor, eu vos confesso as minhas ofensas e também as minhas fraquezas.

Muitas vezes um nada me abate e me entristece. Proponho-me ser forte, mas a mais pequena tentação me deixa logo angustiado. Por vezes, uma insignificância é a origem de uma grave tentação. Outras, quando me acho suficientemente seguro, porque não vejo perigo iminente, eis que me acho derrubado por um ligeiro sopro».

2. «Lançai, pois, Senhor, os vossos olhos sobre a minha baixeza e sobre este abismo de fragilidade que há em mim e que Vós conheceis muito melhor do que eu. Tende compaixão de mim e *tirai-me do meio deste lodo, para que não me atole* (Sl 68, 15).

O que tanto me atormenta e confunde na vossa presença é ver que sou tão fraco, tão enfermo, para resistir às minhas paixões. E ainda que não consinta nelas por inteiro, aflige-me vivamente ver-me infestado por elas. Que tédio viver nesta guerra quotidiana!»

3. «Ó fortíssimo Deus de Israel, defensor das almas fiéis, ponde os olhos nos trabalhos e dores do vosso servo e dai-lhe assistência em tudo o que ele empreender. Animai-me, infundindo-me uma firmeza celestial, para que não chegue a dominar-me nem o homem velho nem esta carne de pecado, ainda rebelde ao espírito, e contra ela possa eu pelejar até o último alento».

4. O Senhor — «Filho, não te fies das tuas disposições atuais, porque depressa se mudarão em outras.

Enquanto viveres, estarás sujeito a mudanças, ainda que não o queiras. Ora te acharás alegre, ora triste; hoje em paz, amanhã sem sossego; agora fervoroso, daqui a pouco tíbio; umas vezes diligente, outras preguiçoso; ora sério, ora leviano.

Acima desses altos e baixos, paira o homem sábio, instruído nas coisas do espírito. Não considera o que sente dentro de si, nem de que parte sopram os ventos da inconstância humana. Pensa só em avançar no seu caminho, reunindo todos os movimentos do coração para os pôr em Mim, como seu fim único.

É assim que, tendo sempre fixos em Mim os olhos simples da intenção, poderás permanecer inalterável e sempre o mesmo, no meio da diversidade dos acontecimentos».

5. «Quanto mais a intenção for pura, tanto maior será a firmeza da alma por entre as tempestades. Mas este olhar puro facilmente se obscurece, porque o apartam de Mim para o porem em alguma coisa humana que lisonjeia os sentidos.

É coisa raríssima achar uma alma inteiramente livre e cuja pureza não seja manchada pela névoa de algum interesse próprio. O Evangelho mostra duas intenções nos judeus que foram a Betânia visitar Marta e Maria. Eles foram *não somente para ver Jesus, mas também para ver Lázaro* (Jo 12, 9). Deves, pois, purificar o sentido da tua intenção, para que seja simples e reto, e para que se dirija só a Mim, sem se deter no que esteja de permeio».

6. Alguém que vivia ansioso, oscilando entre o medo e a esperança, certa vez, acabrunhado de tristeza, entrou numa igreja e, prostrando-se ante o altar em oração, dizia interiormente: «Oh! se eu soubesse que havia de perseverar!» No mesmo instante ouviu no seu íntimo esta resposta divina: «Que farias, se o soubesses? Faz agora o que farias então e estarás seguro».

Imediatamente consolado e confortado, entregou-se à divina vontade e cessaram as suas ansiosas perplexidades. Desistiu de indagar o que lhe haveria de acontecer no futuro e aplicou-se a saber o que era mais perfeito e agradável à vontade de Deus, para assim logo começar e acabar todas as suas ações.

7. O Senhor — «*Não se perturbe nem tema o vosso coração* (Jo 14, 27).

Crê em Mim e põe a tua confiança na minha misericórdia.

Quando cuidas que estás longe de Mim, é muitas vezes quando estou mais perto de ti.

Não julgues pela impressão do momento, nem te entregues à aflição, venha donde vier, como se não houvesse esperança de remédio».

8. «Não te imagines inteiramente desamparado, ainda que Eu te envie alguma tribulação passageira ou te prive da consolação por que suspiras; é este o caminho que leva ao reino dos céus. E é, sem dúvida, melhor para ti e para todos os meus servos serem postos à prova pelas adversidades do que terem tudo à medida dos seus desejos.

O que dei, posso tirá-lo e dar de novo quando me aprouver.

Quando dou, dou o que é meu; quando tiro, não levo o que é teu; porque de Mim *procede toda a dádiva boa e todo o dom perfeito* (Tg 1, 17)».

9. A Alma — «Não há santidade, Senhor, se Vós retirais a mão.

Nenhuma sabedoria aproveita, se não a dirigis.

Nenhuma fortaleza ajuda, se não a conservais.

Nenhuma castidade está segura, se não a protegeis. Inútil a guarda de nós mesmos sem a vossa santa vigilância.

Desamparados, afundamos-nos; visitados por Vós, erguemo-nos e cobramos vida.

Somos instáveis, e Vós nos confirmais; somos tíbios, e Vós nos revigorais».

10. «Senhor, bendita seja a vossa palavra, *mais doce para a minha boca que um favo de mel* (Sl 18, 11).

Que faria eu no meio de tantas tribulações e angústias, se não me confortásseis com as vossas santas palavras?

Contanto que chegue afinal ao porto da salvação, que me importa o que e quanto houver sofrido?

Dai-me um bom fim; dai-me um feliz trânsito deste mundo.

Lembrai-vos de mim, Deus meu, e guiai-me pelo caminho reto para o vosso reino. Assim seja».

NOTAS DE REFERÊNCIA[1]

IMITAÇÃO DE JESUS CRISTO: (1) I, 1, 1; (2) I, 1, 2; (3) I, 1, 3; (4) III, 56, 1; (5) *Ib.*

DO HUMILDE SENTIR DE SI MESMO: (1) I, 1, 4; (2) I, 2, 1 e 3; (3) I, 2, 4; (4) I, 7, 2; (5) I, 7, 2 e 3; (6) I, 22, 6; (7) I, 7, 3; (8) II, 8, 4; (9) III, 49, 8; (10) III, 4, 4; (11) III, 13, 3; (12) *Ib.*; (13) III, 13, 4; (14) I, 7, 3; (15) II, 10, 2; (16) II, 8, 3.

AMOR AO SILÊNCIO: (1) I, 20, 1; (2) *Ib.*; (3) I, 20, 2; (4) *Ib.*; (5) I, 20, 7; (6) I, 20, 8; (7) I, 20, 7; (8) I, 20, 8.

DESPRENDIMENTO: (1) I, 22, 1; (2) I, 22, 2; (3) I, 20, 6; (4) I, 20, 7; (5) I, 22, 4; (6) III, 3, 3-4; (7) *Ib.*; (8) II, 4, 1; (9) II, 7, 2; (10) III, 27, 4.

OBRAS DA CARIDADE E DA MANSIDÃO: (1) I, 15, 2; (2) II, 4, 1; (3) I, 16, 2; (4) I, 16, 3; (5) II, 5, 1; (6) *Ib.*; (7) I, 16, 4; (8) II, 3, 2; (9) *Ib.*; (10) *Ib.*; (11) I, 15, 2; (12) I, 15, 1.

DO HOMEM PACÍFICO: (1) II, 3, 1; (2) I, 22, 1; (3) II, 3, 1; (4) *Ib.*; (5) *Ib.*; (6) II, 6, 1; (7) *Ib.*; (8) *Ib.*; (9) II, 6, 2; (10) II, 3, 3; (11) *Ib.*; (12) II, 6, 2; (13) II, 6, 3; (14) *Ib.*; (15) III, 23, 1; (16) III, 25, 1; (17) III, 25, 4; (18) III, 25, 3; (19) III, 27, 3; (20) III, 25, 3.

---

(1) O número entre parênteses corresponde aos pontos desta edição, e os seguintes, respectivamente, ao livro, capítulo e ponto do original.

A MEDITAÇÃO DA MORTE: (1) I, 23, 1; (2) *Ib.*; (3) *Ib.*; (4) *Ib.*; (5) I, 23, 2; (6) I, 23, 3; (7) I, 23, 4; (8) *Ib.*; (9) I, 23, 5; (10) I, 23, 8; (11) I, 24, 2; (12) I, 24, 1; (13) *Ib.*; (14) I, 24, 5.

TEMPO DE COMBATER: (1) I, 22, 5; (2) I, 16, 4; (3) I, 21, 2; (4) I, 22, 7; (5) I, 25, 3; (6) *Ib.*; (7) I, 25, 4; (8) II, 5, 1; (9) II, 10, 1; (10) III, 7, 4; (11) I, 25, 4; (12) I, 25, 11; (13) I, 22, 4; (14) I, 25, 11; (15) *Ib.*; (16) *Ib.*; (17) *Ib.*; (18) I, 11, 5; (19) I, 25, 6; (20) III, 53, 2.

ENTREGAR-SE A DEUS: (1) III, 37, 1; (2) III, 37, 2; (3) III, 37, 3-5; (4) III, 10, 3 e 4; (5) III, 10, 4.

OS EFEITOS DO AMOR DIVINO: (1) III, 1, 3; (2) III, 5, 4; (3) III, 5, 5; (4) III, 5, 7; (5) III, 6, 1; (6) III, 5, 5.

O DIÁLOGO INTERIOR COM DEUS: (1) III, 30, 1; (2) *Ib.*; (3) III, 38, 2; (4) *Ib.*; (5) II, 2, 1; (6) II, 2, 2; (7) II, 2, 3; (8) III, 48, 5; (9) *Ib.*; (10) *Ib.*; (11) III, 48, 6; (12) II, 1, 7; (13) *Ib.*; (14) II, 1, 1.

DA AMIZADE FAMILIAR COM CRISTO: (1) II, 7, 1; (2) *Ib.*; (3) II, 7, 2; (4) *Ib.*; (5) *Ib.*; (6) II, 7, 3; (7) II, 8, 1; (8) *Ib.*; (9) II, 8, 2; (10) II, 8, 3; (11) *Ib.*; (12) II, 8, 4; (13) II, 11, 3.

A ESTRADA REAL DA SANTA CRUZ: (1) II, 11, 1; (2) II, 12, 2; (3) II, 12, 3; (4) II, 12, 4; (5) II, 12, 5; (6) I, 22, 1; (7) II, 12, 8; (8) II, 6, 2; (9) II, 12, 15; (10) II, 12, 11.

ABANDONO EM DEUS E PACIÊNCIA: (1) III, 17, 1; (2) III, 19, 1; (3) III, 19, 2; (4) III, 19, 3; (5) III, 19, 4.

A EFICÁCIA DA GRAÇA DIVINA: (1) III, 54, 1; (2) *Ib.*; (3) III, 54, 3; (4) *Ib.*; (5) *Ib.*; (6) *Ib.*; (7) III, 54, 4; (8) *Ib.*; (9) *Ib.*; (10) III, 54, 5; (11) III, 54, 6; (12) *Ib.*; (13) III, 54, 8; (14) III, 55, 1; (15) III, 55, 4; (16) III, 55, 6.

O DEUS FORTE: (1) III, 20, 1; (2) III, 20, 3; (3) *Ib.*; (4) III, 33, 1; (5) III, 33, 2; (6) I, 25, 2; (7) III, 30, 3; (8) III, 30, 3-4; (9) III, 14, 2; (10) III, 57, 4.

Direção geral
Renata Ferlin Sugai

Direção de aquisição
Hugo Langone

Direção editorial
Felipe Denardi

Produção editorial
Juliana Amato
Karine Santos
Oscar Solarte

Capa
Karine Santos

Diagramação
Sérgio Ramalho

ESTE LIVRO ACABA DE SER IMPRESSO
PARA A QUADRANTE EDITORA, NOS PAPÉIS
OFFSET 90g, AOS 23 DE MAIO DE 2025.